DESCUBRAMOS PAÍSES DEL MUNDO

Descubramos JAPÓN

Jillian Powell

Gareth Stevens PUBLISHING

Please visit our website, www.garethstevens.com.
For a free color catalog of all our high-quality books,
call toll free 1-800-542-2595 or fax 1-877-542-2596.

Library of Congress Cataloging-in-Publication Data

Powell, Jillian.
Descubramos Japón / Jillian Powell.
p. cm. — (Descubramos paises del mundo)
Includes index.
ISBN: 978-0-8368-8185-1 (lib. bdg.)
ISBN: 978-0-8368-8192-9 (softcover)
1. Japan—Juvenile literature. I. Title.
DS806. P67 2007
952—dc22 2007015462

This edition first published in 2008 by
Gareth Stevens Publishing
111 East 14th Street, Suite 349
New York, NY 10003

First published in Great Britain in 2006 by Franklin Watts,
338 Euston Road, London NW1 3BH, United Kingdom.

Series editor: Sarah Peutrill
Art director: Jonathan Hair
Design: Storeybooks Ltd.
Picture research: Diana Morris

Gareth Stevens managing editor: Valerie J. Weber
Gareth Stevens editors: Barbara Kiely Miller and Dorothy L. Gibbs
Gareth Stevens art direction: Tammy West
Gareth Stevens graphic designers: Charlie Dahl and Dave Kowalski

Spanish Edition produced by A+ Media, Inc.
Editorial Director: Julio Abreu
Chief Translator: Adriana Rosado-Bonewitz
Associate Editors: Janina Morgan, Bernardo Rivera, Rosario Ortiz
Graphic Design: Faith Weeks

Photo credits: (t=top, b=bottom, l=left, r=right, c=center)
Stephan Boness/Panos: 12, 20. Paul Dymond/Lonely Planet Images: 13. Robert Essell NYC/Corbis: 7b. Joson/zefa/Corbis: 27b. Catherine Karnow/Corbis: 11t. Karen Kasmanski/Corbis: 15t. Issei Kato/Corbis: 9. Charles & Josette Lenars/Corbis: 15b. Paul Quale/Panos: 14. Chris Stowers/Panos: 17. Superbild/A1 Pix: 6, 11b, 25t, 25b, 26. Superbild/Incolor/A1 Pix: front cover, 1, 4, 7t, 8, 10. 16, 18, 19b, 21, 23, 24, 27t. Tom Wagner/Saba/Corbis: 22. Michael S. Yamashita/Corbis: 19t.

Printed in the United States of America

1 2 3 4 5 6 7 8 9 11 10 09 08 07

Contenido

Las palabras definidas en el glosario están impresas en **negritas** la primera vez que aparecen en el texto.

¿Dónde está Japón?

Japón está en Asia. El país está formado por 4 islas principales y miles de islas pequeñas en el océano Pacífico.

La capital de Japón es Tokio. Está en Honshu, que es la isla de mayor tamaño. Tokio tiene palacios antiguos, **templos**, **santuarios** y jardines. También tiene rascacielos con oficinas, bancos y tiendas.

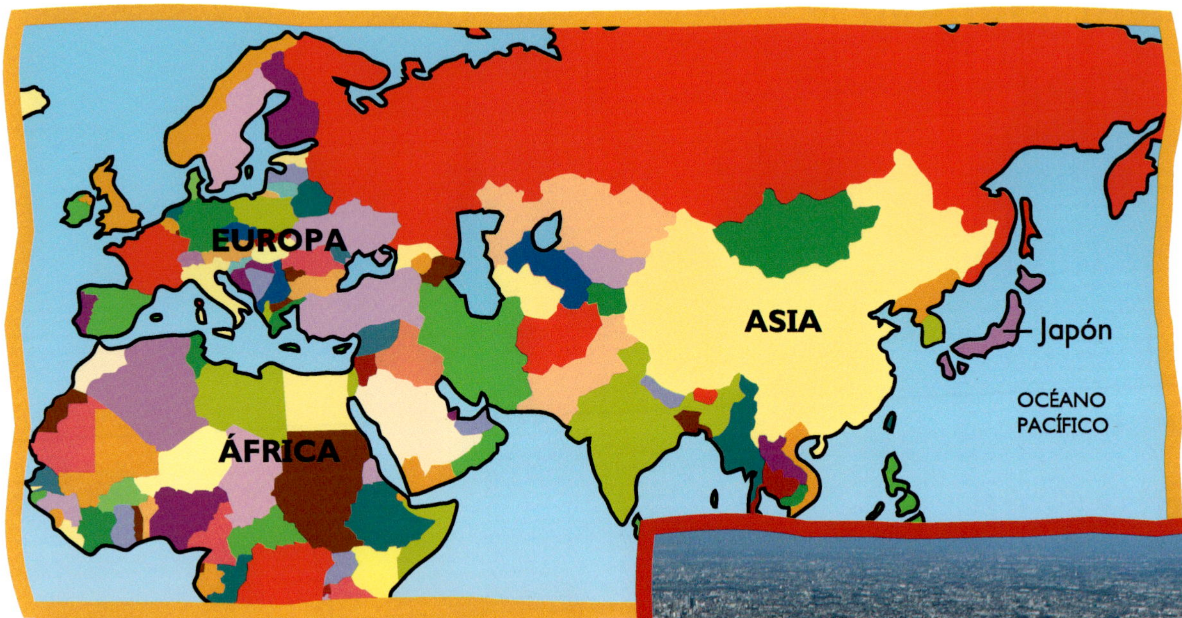

Japón no tiene una frontera de tierra con otro país.

Tokio es una ciudad donde hay mucha actividad, mucha gente y muchos edificios altos.

En este mapa se muestran todos los lugares mencionados en este libro.

Los vecinos más cercanos de Japón al otro lado del mar de Japón son Corea del Sur, Corea del Norte, China y Rusia.

¿Lo sabías?

Los japoneses llaman su país "Nippon", que significa "Tierra del sol naciente".

El paisaje

Japón es una tierra de lagos, ríos, arroyos y montañas altas. Muchas de las montañas son **volcanes**.

¿Lo sabías?

En Japón hay muchos **temblores** pequeños todos los años.

A 3,776 m (12,388 pies), el monte Fuji es la montaña más alta de Japón.

Miles de personas visitan Biei durante el verano para ver sus campos llenos de color.

Menos de una cuarta parte de Japón se puede usar para cultivar. Casi todas las granjas están cerca de ríos y en las costas. Los granjeros cultivan frutas y verduras, y tienen animales. Cultivan arroz en campos inundados llamados **arrozales**, en **valles** y en montañas donde se han hecho **terrazas**.

El arroz crece en terrazas cerca de la ciudad de Shimizu en Honshu.

Clima y estaciones

Hay grandes diferencias entre el clima del norte y del sur de Japón. Las islas del norte tienen inviernos largos y fríos, y veranos cortos y calurosos. Puede haber mucha nieve y hielo durante el invierno, en especial en las montañas.

En el sur, el clima es caluroso todo el año. Los inviernos son suaves, y los veranos son muy calurosos. Llueve en general entre junio y septiembre.

¿Lo sabías?

Los japoneses hacen fiestas para ver las flores de los cerezos durante la primavera.

Naranjas crecen en el clima caluroso del sur de Japón.

Un tifón golpeó la isla de Nakanoshima y volteó este auto.

De septiembre a noviembre, Japón puede tener tormentas tropicales llamadas **tifones**. Llueve mucho. Los **maremotos** entran desde el océano Pacífico, y pueden causar mucho daño.

La gente de Japón

Los japoneses están orgullosos de su **cultura** y sus tradiciones. Les gusta trabajar duro. El respeto por otros, en especial a los ancianos y a los **antepasados** de la familia, también es importante para la mayoría de los japoneses. En casi todas las casas hay un lugar o cuarto especial donde se reza por los antepasados.

Este edificio es un templo budista. Hay más de 1,000 templos budistas y santuarios sintoístas en Kioto.

Las religiones principales son el **budismo** y el **sintoísmo**. Muchos japoneses rezan en templos o santuarios, sobre todo en eventos importantes como una boda o el nacimiento de un niño.

Un monje rastrilla piedras en un jardín zen. El zen es una forma de budismo.

¿Lo sabías?

Hay escuelas donde las niñas aprenden cómo ponerse quimonos.

La **ceremonia del té**, llamada *chanoyu*, es una tradición japonesa popular. Es una manera especial de hacer el té. Monjes budistas empezaron esta costumbre. Ahora se enseña en clubes de té y escuelas. Las personas invitan a familiares, a amigos, y a turistas que visitan Japón.

Esta mujer lleva a cabo la ceremonia del té en Kioto. Lleva puesto un quimono tradicional.

Escuela y familia

Los niños japoneses tienen que empezar a ir a la escuela a los seis años. Pero muchos empiezan a los 3 o 4 años. Las clases empiezan a las 8:30 a.m., y terminan a las 4:30 p.m. Todos los niños usan uniformes y estudian las mismas materias. Aprenden a leer y escribir japonés y otro idioma, en general el inglés. Los niños limpian su salón de clases antes de irse a casa.

Los niños asisten a la escuela primaria durante 6 años. Después van a la secundaria, o escuela intermedia, durante 3 años. Muchos continúan su educación en la preparatoria y más allá.

Esta niña lleva puesto un uniforme de escuela secundaria.

Los miembros de esta familia se sirven con palillos comida de una gran cacerola que está en la mesa.

Hoy, muchos padres japoneses sólo tienen uno o dos hijos. Las tías, los tíos y los abuelos también pueden vivir con la familia. Todos participan en la vida familiar. Casi todas las familias se reúnen para comer juntas por la noche.

¿Lo sabías?

Alrededor de 4 de cada 10 familias tienen mascotas. Las más populares son los perros, seguidos por gatos y peces.

Vida rural

En el campo, mucha gente vive en pequeñas granjas familiares. Pueden cultivar arroz y otros productos, como manzanas.

Todos ayudan en la granja, hasta los abuelos y los niños. Después de clases y durante vacaciones, los niños pueden ayudar con trabajos como el alimentar los pollos o cerdos.

Este hombre siembra plantas de arroz usando una máquina pequeña.

¿Lo sabías?

Hay osos salvajes en partes de Japón.

Estas mujeres están cosechando el té a mano.

Es tradicional que las japonesas carguen a sus bebés en la espalda. Algunas madres pueden hacer esto cuando están trabajando en los campos.

En algunas granjas, la siembra y la cosecha se hacen a mano. Otros granjeros tienen máquinas pequeñas, o comparten máquinas más grandes con sus vecinos. Muchas personas del campo sólo se dedican a la agricultura parte del tiempo. Hacen otros trabajos para ganar más dinero. En las costas, por ejemplo, pescan o recogen algas marinas para comer.

Vida urbana

Cuatro de cada 5 japoneses viven en pueblos o ciudades. Casi todas las ciudades grandes están en la costa del Pacífico o cerca de ahí. Tokio, Yokohama y Osaka son las ciudades más grandes. El palacio imperial, el hogar del **emperador**, está en Tokio.

Estos rascacielos están en Yokohama. Esta ciudad activa está en la isla de Honshu.

En Tokio se apresuran al trabajo. Alguna gente usa mascarillas como protección contra la contaminación.

Mucha gente usa los inventos de alta tecnología más recientes, va a tiendas tipo del oeste y comen comida rápida.

Las ciudades tienen buenos sistemas de transporte, tales como autobuses y trenes subterráneos. Aun así, hay problemas con demasiado tráfico, la **contaminación** del aire y la superpoblación.

¿Lo sabías?

Hay "empujadores" que empujan a pasajeros hacia los trenes subterráneos en las horas pico.

Casas japonesas

Las casas antiguas tradicionales en Japón son de madera, con ventanas de papel. Adentro, los pisos están cubiertos de esteras de paja de arroz, llamadas tatami. Biombos de papel o de **bambú** por lo general dividen la casa en habitaciones.

¿Lo sabías?

Los japoneses dejan sus zapatos junto a la puerta para mantener limpio el tatami.

Techos hechos de plantas cubren estas casas japonesas tradicionales en el pueblo de Shirakawa.

En las ciudades, la mayoría de la gente vive en apartamentos pequeños en edificios altos. En los **suburbios**, algunas personas viven en apartamentos en edificios más bajos. Otras personas viven en casas con jardines.

Muchas personas viven en los suburbios y trabajan en Tokio. Este suburbio está cerca de Uenohara.

Estos apartamentos en Osaka tienen balcones. La gente a menudo cuelga su ropa a secar ahí.

Comida japonesa

El pescado, las verduras, el arroz y los fideos son alimentos importantes en la dieta japonesa. Las personas también usan mucho los frijoles de soya. Hacen guisados de carne de pollo y de cerdo. También cortan carne en tiras delgadas y la cocinan con verduras.

El **sushi** es un tipo de comida rápida en las ciudades. También comen comida rápida al estilo del oeste, como las hamburguesas.

Las barras de sushi son populares entre los trabajadores en las ciudades.

En este puesto en un mercado de Tokio se vende pescado fresco.

Muchos japoneses compran alimentos frescos en tiendas pequeñas o en mercados al aire libre. En ciudades, se compran también en supermercados.

En el hogar, muchas familias comen comidas tradicionales. Comparten varios platos pequeños de comida diferente. Se sientan en mesas bajas y usan palillos para comer.

¿Lo sabías?

Los japoneses siempre ponen el lado puntiagudo de los palillos en un apoyo especial cuando no los están usando.

El trabajo

Las industrias principales en Japón producen hierro, acero, barcos, autos, motocicletas y aparatos electrónicos. Estos incluyen teléfonos celulares, computadoras, cámaras y televisores. Muchas marcas de autos y aparatos electrónicos japoneses se venden en todo el mundo.

¿Lo sabías?

En el pasado, en otros países a veces se decía que los japoneses trabajaban demasiado. Pero, en los últimos años, la mayoría de la gente en Japón trabajó menos horas.

Esta mujer trabaja en una fábrica de teléfonos celulares cerca de Tokio.

Este hombre descarga peces en el puerto de Hanasaki en la isla de Hokkaidõ.

Los japoneses también trabajan en bancos, tiendas, escuelas, hospitales y en el transporte y la agricultura. La pesca es una industria grande en Japón. También hay muchas granjas de peces en sus costas. En estas granjas se producen pescado, mariscos y algas marinas para comer.

La diversión

El béisbol, el fútbol, el basquetbol y el golf son deportes populares para jugar y para ver en Japón. Las **artes marciales** japonesas se enseñan en escuelas y clubes. Estos deportes incluyen tae kwon do, judo y **kendo**. A los japoneses les gusta ver las luchas de **sumo**.

¿Lo sabías?

A los niños y a los adultos en Japón, les gusta los *manga*, o historietas.

Estos niños están practicando kendo en Matsumoto.

Durante la fiesta de las linternas de agosto, la gente lleva linternas gigantes de papel y bambú. Las linternas tienen la forma de héroes japoneses.

Algunos japoneses disfrutan de ir al teatro. El kabuki es un teatro tradicional donde se cuentan historias del pasado de Japón. Los actores usan maquillaje y trajes coloridos. Los jóvenes disfrutan de ver televisión, jugar juegos de computadora y del **karaoke**.

Estos niños están en un festival de plantación de arroz en Tokio.

Todo el año se celebran fiestas especiales llenas de color, como la cosecha de arroz. Hay ceremonias, desfiles con carrozas, linternas, fuegos artificiales, banquetes y bailes.

Japón: Datos

- El emperador es el **jefe de estado**, y el primer ministro guía el gobierno. Los japoneses eligen miembros de la Asamblea Legislativa. Este grupo hace leyes para el país.
- Japón está dividido en 47 regiones. Cada región tiene su propio gobernador.
- Japón tiene una población de más de 127 millones de personas.
- Once ciudades tienen más de un millón de habitantes. La ciudad más grande es la capital, Tokio. Más de 12 millones de personas viven en la ciudad y sus suburbios.

La bandera japonesa muestra un círculo rojo sobre un fondo blanco. Este símbolo se llama el sol naciente.

Trenes de alta velocidad viajan entre Tokio y otras ciudades importantes.

La moneda japonesa es el yen.

¿Lo sabías?

El 5 de mayo es un día festivo llamado "Día de los niños". La gente celebra la salud, el crecimiento y la felicidad de los niños.

Glosario

antepasados – miembros de la familia que vivieron en el pasado

arrozales – campos que se inundan con agua para cultivar arroz

artes marciales – deportes de combate y defensa propia

bambú – una planta alta con tallos huecos y leñosos

budismo – una religión basada en las enseñanzas de Buda, que vivió desde alrededor de 563 hasta 483 a.C.

ceremonia del té – el arte tradicional de hacer el té y servirlo

contaminación – suciedad en el aire, la tierra o en el agua, causada por desechos y sustancias químicas de personas y negocios

cultura – el estilo de vida, las creencias y las artes de una nación o de un grupo específico de personas

emperador – el gobernante varón de un país o imperio

jefe de estado – el representante principal de un país

karaoke – cantar canciones acompañado por música grabada

kendo – un deporte japonés de esgrima con espadas de bambú

maremotos – enormes olas en el océano que chocan en áreas a lo largo de la costa, y causan inundaciones y otros tipos de daño

palillos – un par de palitos delgados que se usan para comer

quimono – una bata larga y suelta que tiene mangas amplias

santuarios – lugares o edificios donde las personas le rezan a un santo o un dios en el sintoísmo y otras religiones

sintoísmo – una religión japonesa basada en el culto a espíritus de la naturaleza y antepasados

suburbios – áreas fuera de ciudades grandes, de muchas casas

sumo – una forma japonesa de lucha entre dos hombres

sushi – arroz frío moldeado en diferentes formas, y que se sirve con salsa y trozos pequeños de pescado y verduras

temblores – sacudidas y formación de grietas en el suelo causadas por movimientos de las rocas que están por debajo de la superficie de la tierra

templos – edificios para oración en el budismo y otras religiones

terrazas – terrenos cortados en niveles parecidos a escalones

tifones – tormentas tropicales con vientos muy fuertes

valles – áreas estrechas de tierra baja entre colinas o montañas

volcanes – montañas echas de polvo, cenizas y roca fundida. Gases calientes bajo tierra forzaron el paso de estos materiales a través de la corteza de la tierra.

Para más información

Kids Web Japan
web-japan.org/kidsweb

Say It in Japanese
web-japan.org/kidsweb/say.html

Kid's Life in Chichibu
www.ksky.ne.jp/~akihiroh

Nota del editor para educadores y padres: Nuestros editores han revisado meticulosamente estos sitios Web para asegurarse de que son apropiados para niños. Sin embargo, muchos sitios Web cambian con frecuencia, y no podemos asegurar que el contenido futuro del sitio seguirá satisfaciendo nuestros estándares altos de calidad y valor educativo. Se le advierte que se debe supervisar estrechamente a los niños siempre que tengan acceso al Internet.

Mi mapa de Japón

Fotocopia o calca el mapa de la página 31. Después escribe los nombres de los países, extensiones de agua, islas, ciudades y montañas que se listan a continuación. (Si necesitas ayuda mira el mapa que aparece en la página 5.)

Después de escribir los nombres de todos los lugares ¡toma algunos crayones y colorea el mapa!

Países
China
Corea del Norte
Corea del Sur
Japón
Rusia

Extensiones de agua
océano Pacífico
mar de Japón

Islas
Hokkaidõ
Honshu
Kyushu
Nakanoshima
Shikoku

Ciudades
Biei
Hanasaki
Kioto
Matsumoto
Osaka
Shimizu
Shirakawa
Tokio
Uenohara
Yokohama

Montañas
monte Fuji

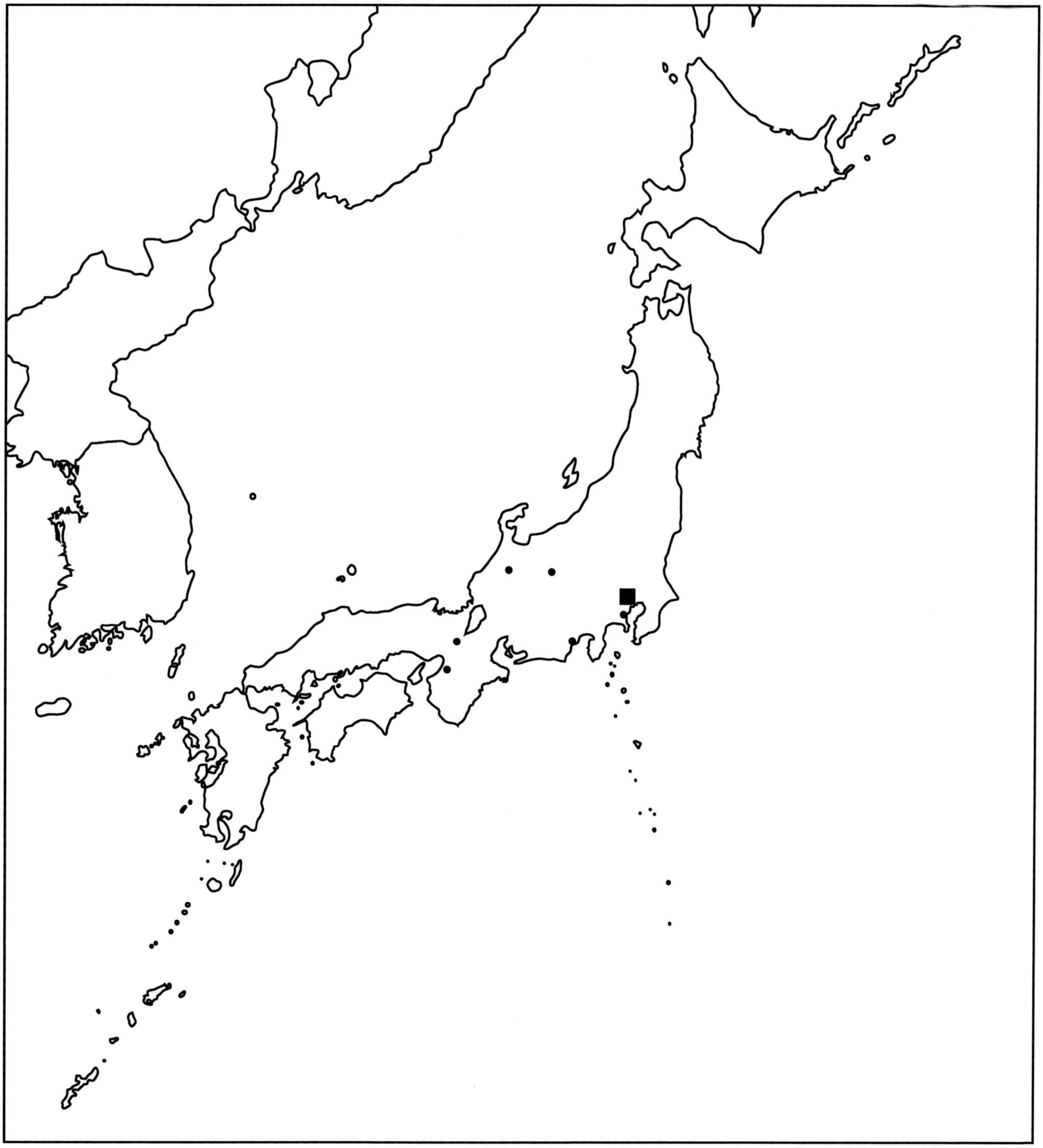

Índice